A Rookie reader® español

Uno
es suficiente

Escrito por Julie Kidd Cook

Ilustrado por Melissa Iwai

Children's Press®
Una división de Scholastic Inc
Nueva York • Toronto • Londres • Aucklan
Ciudad de México • Nueva Delhi • Hong Kong
Danbury, Connecticut

D1400519

A Ellen, Lindsay, Martha y Mary quienes me mantienen escribiendo
—J.K.C.

A Emily y a su encantador sentido de la moda
—M.I.

Consultora

Eileen Robinson
Especialista en lectura

Información de Publicación de la Biblioteca del Congreso de los EE. UU.

Cook, Julie Kidd, 1959—
  [One is enough. Spanish]
  Uno es suficiente / escrito por Julie Kidd Cook; ilustrado por Melissa Iwai.
    p. cm. — (A Rookie reader español)
  Summary: A girl is happy with one of everything, from a dog and a stick to a shovel and a seed.
  ISBN-10: 0-516-25311-5 (lib. bdg.)   0-516-29788-0 (pbk.)
  ISBN-13: 978-0-516-25311-4 (lib. bdg.)   978-0-516-29788-0 (pbk.)
  [1. One (The number)—Fiction. 2. Spanish language materials. 3. Stories in rhyme.] I. Title: 1 es suficiente. II. Iwai, Melissa, ill. III. Title. IV. Series.
  PZ74.3.C66   2006
  [E]—dc22   2005026631

Uno es suficiente.

4

Un perro. Un palo.

5

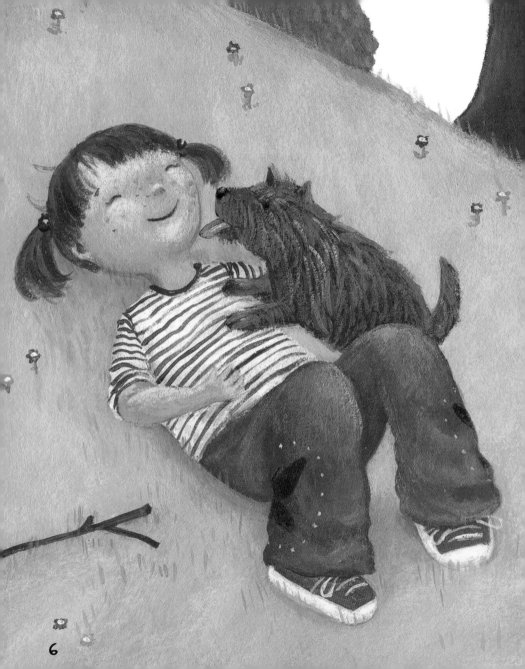

Un lanzamiento.
Un lengüetazo.
Uno es suficiente
para mí.

8

Una rama. Un árbol.

Un empujón. Un chillido.
Uno es suficiente para mí.

Una pala.

Una semilla.

14

Un libro para leer.
Uno es suficiente para mí.

16

Una inmersión. Una gota.

18

Un soplido. Una
burbuja que explota.
Uno es suficiente
para mí.

Una silla. Una cocinera.

Una página. Un libro.

Uno es suficiente para mí.

Un beso.

Una luz.

Un abrazo de buenas noches.

Uno es suficiente para mí.